TABLE DES MATIÈRES

MACHIAVÉLISME FINANCIER EN RÉPUBLIQUE DÉMOCRATIQUE DU CONGO

MONGA ORNAN WEST

INDIA • SINGAPORE • MALAYSIA

PRÉFACE

La République Démocratique du Congo (RDC) est une nation aux potentialités immenses, dotée de ressources naturelles inégalées et d'une population dynamique.

Pourtant, son histoire a été marquée par des défis politiques, économiques et sociaux complexes qui ont entravé son développement et façonné son parcours. Au cœur de ces défis se trouve le phénomène du machiavélisme financier — la manipulation stratégique des finances publiques par des élites politiques à des fins personnelles ou politiques, souvent au détriment de la prospérité nationale.

Cet ouvrage vise à démêler l'intrication du machiavélisme financier en RDC, en retraçant ses racines historiques, en analysant ses manifestations contemporaines, et en explorant l'impact profond qu'il a eu sur la gouvernance, l'économie et la société du pays. En abordant des thématiques clés telles que les politiques monétaires et fiscales, le rôle de l'influence étrangère, l'exploitation des ressources naturelles, et la participation de la société civile, ce travail cherche à fournir une compréhension globale de la manière dont le machiavélisme financier fonctionne et se perpétue en RDC.

Les chapitres ne sont pas seulement une réflexion sur les réalités passées et présentes, mais aussi un appel à l'action. Ils interpellent les décideurs politiques, les universitaires, la société civile et les acteurs internationaux à repenser les structures de gouvernance et les systèmes économiques qui favorisent ces pratiques. À travers une analyse critique, le livre identifie des pistes de réforme, en insistant sur l'importance du renforcement des institutions, de la transparence, de la responsabilité et de l'engagement citoyen pour encourager un développement durable.

Cet ouvrage n'est pas simplement une démarche académique, mais aussi un hommage à la résilience du peuple congolais, qui continue de lutter pour un avenir meilleur malgré des défis systémiques. C'est le témoignage de leur espoir inébranlable pour une nation où les ressources sont gérées équitablement, où la gouvernance est éthique, et où les opportunités sont accessibles à tous.

J'espère que ce livre servira de ressource à ceux qui cherchent à comprendre les dynamiques de la gestion financière en RDC et qu'il guidera vers l'imaginaire et la construction d'un avenir plus juste, transparent et prospère.

MONGA ORNAN WEST
Auteur

CHAPITRE 1

APPARITION

L'État, institution fondatrice de l'ordre social et de la sécurité collective, s'érige comme le garant des libertés juridiques, définissant les droits et les devoirs des citoyens. Pourtant, derrière cette apparence protectrice, une question demeure: dans quelle mesure l'État respecte-t-il réellement les libertés individuelles lorsque ses intérêts financiers et politiques sont en jeu ?

La notion de liberté juridique, bien que fondamentalement noble, se retrouve souvent en tension avec les intérêts propres des puissants. Dans le contexte de la République Démocratique du Congo, où les influences étrangères et les intérêts économiques dominent bien souvent les décisions politiques, la liberté juridique devient une variable ajustable, manipulée en fonction des besoins de ceux qui détiennent le pouvoir.

L'Origine de l'État et la Promesse de Liberté

À la base de toute société organisée, l'État a été conçu comme un contrat social, une promesse d'un ordre régulé en échange de certaines concessions faites par les individus. Cette conception d'un État garant des droits et libertés s'est toutefois heurtée aux réalités de pouvoir, notamment dans les sociétés où l'exploitation des ressources et les intérêts économiques dominent. En RDC, un pays riche en ressources naturelles mais économiquement fragile, l'État semble parfois osciller entre le rôle de protecteur et celui de régulateur des libertés, modulant celles-ci pour maintenir une stabilité souvent menacée par des crises politiques et économiques.

La promesse d'une liberté juridique pour tous, en théorie inaliénable, est souvent compromise lorsque les intérêts financiers de l'État et des acteurs externes interfèrent. Les lois et les règlements sont façonnés de manière à sécuriser les accords économiques, parfois au détriment des droits des citoyens, transformant la promesse d'égalité en une illusion.

La Liberté Juridique: Instrument de Pouvoir et de Contrôle

Dans un État influencé par le machiavélisme financier, la liberté juridique devient plus qu'une simple garantie de droits: elle se transforme en un outil stratégique. Les lois qui devraient protéger les citoyens sont souvent réinterprétées, voire modifiées, afin de favoriser des alliances économiques lucratives. L'accès à la justice devient un privilège, réservé à ceux qui peuvent en tirer parti politiquement ou financièrement.

En RDC, la réalité est telle que les droits des citoyens, tout en étant codifiés, subissent l'influence des flux de capitaux internationaux. Les libertés d'expression, de propriété et de justice sont, pour ainsi dire, "négociables" lorsqu'elles entrent en conflit avec des projets d'investissement étrangers ou des intérêts commerciaux. Ainsi, la liberté juridique perd de sa substance et devient une façade pour justifier des décisions déjà prises dans les coulisses des accords économiques.

Les Influences Étrangères: Une Main Invisible qui Façonne la Liberté

Dans le cadre de la RDC, les intérêts étrangers occupent une place prépondérante. L'État se trouve dans une position de dépendance financière vis-à-vis de partenaires internationaux, ce qui l'amène à ajuster sa législation pour aligner les normes locales avec les exigences de ces partenaires. Cette influence étrangère a pour conséquence la restriction des libertés des citoyens, sous couvert de développement économique.

Les investisseurs et les multinationales, principalement attirés par les richesses minérales du pays, imposent souvent des conditions d'exploitation qui échappent à la critique locale. En échange de concessions financières, l'État limite les droits d'opposition, de contestation ou de régulation de la part de la population. Ces alliances stratégiques illustrent un machiavélisme économique où la liberté juridique est subordonnée aux priorités de croissance et de rentabilité.

Le Paradoxe de la Liberté et de la Sécurité

L'État, en justifiant ses actions au nom de la sécurité et du bien-être général, crée un paradoxe. Alors qu'il prétend garantir la liberté juridique, il la contrôle pour prévenir toute forme de dissidence susceptible de perturber l'ordre établi. Les citoyens deviennent ainsi les sujets d'un régime qui limite leurs droits, non pas pour les protéger, mais pour maintenir une apparence de stabilité, essentielle à la poursuite des intérêts financiers.

En RDC, la lutte contre les mouvements de contestation, les lois restrictives sur les manifestations publiques, et la surveillance accrue de la société civile révèlent cet équilibre précaire. La sécurité nationale, invoquée pour restreindre certaines libertés, masque souvent une volonté de préserver des intérêts économiques acquis, allant à l'encontre de la liberté juridique théoriquement prônée.

Vers une Émancipation ou une Illusion de Liberté ?

La question centrale reste la suivante: la liberté juridique, telle que promise aux citoyens de la RDC, est-elle réellement accessible? Ou bien s'agit-il d'une illusion soigneusement entretenue, où les apparences de droit masquent des réalités économiques et politiques qui échappent au contrôle de la majorité ?

L'apparition de l'État comme garant de la liberté juridique, tout en œuvrant pour sa propre survie économique, révèle une vérité dérangeante. Dans le jeu d'influences financières et de pouvoir, la liberté n'est plus un droit fondamental, mais une variable ajustable. Pour l'État, l'objectif premier n'est pas tant la protection de ses citoyens, mais plutôt la préservation de son propre équilibre financier, souvent au détriment de l'égalité juridique.

Dans cette analyse, il devient clair que la liberté juridique en RDC est inextricablement liée aux forces économiques extérieures et aux intérêts d'une élite privilégiée. Les citoyens, bien qu'en apparence libres, demeurent les otages d'une structure de pouvoir qui, pour assurer sa survie, manipule subtilement les droits qu'elle est censée garantir.

Ce chapitre développe l'idée que l'État, malgré son rôle théorique de protecteur des libertés, est influencé par les impératifs financiers et stratégiques, en particulier en RDC. La liberté juridique devient ainsi un instrument de pouvoir, ajusté en fonction des intérêts économiques, créant une réalité où la promesse d'égalité demeure une illusion pour la majorité des citoyens.

CHAPITRE 2

LES INITIATEURS DE MACHIAVEL

Si l'histoire a retenu le nom de Nicolas Machiavel comme celui de l'architecte d'une politique sans scrupules, il est pourtant évident que Machiavel n'a pas inventé ces stratégies de pouvoir. "Le Prince", son œuvre emblématique, n'a fait que mettre en mots une pratique bien antérieure, celle de la ruse et de la manipulation au service de la stabilité et de la survie d'un régime. Mais alors, qui sont les véritables initiateurs des idées machiavéliques, ces figures historiques et contemporaines qui ont posé les bases d'une philosophie politique où la fin justifie les moyens ?

Les Principes de Machiavel: Ruse, Pouvoir et Pragmatique

Avant d'explorer les initiateurs de cette pensée, il est essentiel de comprendre ce que représente l'approche machiavélique. Dans "Le Prince", Machiavel décrit un chef qui se doit d'être pragmatique, flexible et parfois impitoyable. Il ne s'agit pas de moralité, mais de pouvoir. La loyauté, la vertu et l'intégrité sont reléguées au second plan si elles entravent l'efficacité et la survie de l'État. Le prince, pour Machiavel, doit savoir dissimuler ses intentions, manipuler les perceptions, et même trahir s'il le faut, car le but ultime est la pérennité de son pouvoir.

Les Précurseurs des Idées Machiavéliques

Bien avant Machiavel, l'histoire nous révèle des figures qui incarnaient déjà ces principes. César Borgia, dont Machiavel lui-même fut l'observateur admiratif, en est un exemple frappant. Pour asseoir son autorité, Borgia n'a pas hésité à recourir à la force, à la ruse et même à l'assassinat, voyant en ces moyens des solutions justifiables pour unifier ses territoires. Alexandre le Grand, dans ses campagnes de conquête, utilisa aussi des tactiques de manipulation, recrutant et réintégrant des élites locales pour stabiliser son empire. Ces figures historiques démontrent que la soif de pouvoir et le pragmatisme dépassaient déjà la morale, établissant ainsi les bases de la pensée machiavélique.

De l'Empire romain aux royaumes médiévaux, les chefs et souverains qui ont marqué l'histoire ont souvent agi de manière calculatrice, sans hésiter à sacrifier l'éthique sur l'autel de l'efficacité. Ces initiateurs de Machiavel, même sans en porter le nom, ont démontré que l'ambition et le pouvoir vont de pair avec la ruse et la manipulation, une vision qui trouve écho bien au-delà des pages écrites par le penseur florentin.

L'Extension des Principes Machiavéliques à l'Économie

La pensée machiavélique n'a pas seulement influencé la politique; elle s'est aussi immiscée dans les rouages de l'économie. Dans un monde où le profit est devenu l'objectif suprême, les principes de Machiavel trouvent un terrain fertile. Les grandes compagnies coloniales, comme la Compagnie des Indes orientales, ont utilisé des méthodes calculatrices pour maximiser leurs gains, n'hésitant pas à user de la force, de la corruption et de l'exploitation des populations locales pour asseoir leur domination économique.

Elles ont démontré que l'économie pouvait aussi devenir un terrain de pouvoir où la ruse et la manipulation étaient essentielles pour s'assurer un contrôle durable.

Cette approche machiavélique se retrouve aujourd'hui dans les multinationales et les élites économiques, qui exercent une influence immense sur les décisions politiques et les ressources naturelles de nombreux pays, en particulier en Afrique. En République Démocratique du Congo, cette intrusion du machiavélisme économique est palpable. Les richesses du pays attirent les intérêts étrangers, et les principes de Machiavel prennent une dimension nouvelle, celle de la suprématie économique au-dessus de la souveraineté nationale.

Les Acteurs Machiavéliques en RDC

Dans le contexte de la RDC, les figures politiques et économiques locales, souvent influencées par des intérêts étrangers, adoptent également une approche machiavélique. Pour assurer leur position, les dirigeants se trouvent parfois contraints de négocier des alliances opaques, voire de restreindre certaines libertés publiques, afin de protéger leurs propres intérêts et ceux de leurs partenaires étrangers. Les principes machiavéliques deviennent ainsi un outil de gestion et de contrôle.

Les élites congolaises, en partenariat avec des entreprises multinationales, exploitent les ressources du pays, parfois au détriment de la population. Les lois sont ajustées, les opposants réduits au silence, et les ressources canalisées vers ceux qui en tirent le plus de bénéfices. Ces acteurs, à l'instar des initiateurs de Machiavel, manipulent les structures de pouvoir pour garantir une stabilité apparente, tout en laissant peu de place aux droits et aux intérêts des citoyens ordinaires.

L'Héritage des Initiateurs: Une Éthique de la Manipulation

Les initiateurs de Machiavel, qu'ils soient anciens ou modernes, ont légué un héritage complexe. En RDC, ce leg se manifeste dans un environnement où l'État et les intérêts financiers extérieurs se partagent le pouvoir. La liberté juridique, la justice sociale, et le bien-être des citoyens sont subordonnés à une vision machiavélique du pouvoir et de l'efficacité. Ce pragmatisme froid, qui justifie toutes les actions par le maintien d'une autorité économique et politique, laisse peu de place à l'éthique et aux valeurs universelles de justice.

Les principes machiavéliques continuent de dominer la politique et l'économie congolaise, créant une réalité où les citoyens sont souvent les spectateurs d'un jeu de pouvoir opaque. En fin de compte, l'héritage des initiateurs de Machiavel perdure, et la RDC en subit les conséquences, avec des droits civiques restreints et une économie où la manipulation est la règle plutôt que l'exception.

CHAPITRE 3

L'ÈRE DES INDÉPENDANCES ET DES PREMIÈRES DÉVIATIONS

Introduction

Ce chapitre explore la période post-indépendance en République Démocratique du Congo (RDC) et les premières déviations par rapport aux idéaux d'autonomie économique et de bonne gouvernance. Nous verrons comment les espoirs initiaux d'une gestion économique juste et équitable ont été détournés, conduisant à l'émergence de pratiques financières machiavéliques qui ont un impact durable sur le pays.

Contexte Politique et Économique Après l'Indépendance

En 1960, la RDC a accédé à l'indépendance, un événement qui a suscité un grand espoir et un sentiment de renouveau national. Cependant, le pays a rapidement fait face à de sérieux défis. La RDC, bien que riche en ressources naturelles, manquait d'infrastructures solides et de capital humain qualifié, ce qui a rendu la gestion de la transition complexe sur les plans politique et économique.

1. Transition de la Gouvernance Coloniale à la Gouvernance Nationale

La transition de la gouvernance coloniale à une gouvernance nationale a été marquée par une instabilité politique profonde. Les structures administratives et économiques héritées de la colonisation étaient insuffisantes pour gérer un pays aussi vaste et diversifié.

Les premiers dirigeants congolais, dont Patrice Lumumba, ont cherché à instaurer des politiques économiques visant à redresser l'économie et à utiliser les ressources naturelles pour le développement du pays. Cependant, ces initiatives ont souvent été contrariées par des conflits politiques internes et des ingérences extérieures.

2. Conflits et Sécessions

Peu après l'indépendance, la RDC a été plongée dans une série de conflits internes, dont la sécession de la province du Katanga. Ces conflits ont affaibli l'État central et créé un environnement favorable à la corruption et à la mauvaise gestion des ressources.

Les Premières Déviations des Idéaux Économiques

1. L'Élimination de Patrice Lumumba

Patrice Lumumba, figure emblématique de l'indépendance, prônait une véritable autonomie économique et la nationalisation des ressources pour le bien-être de tous les Congolais. Son élimination a marqué le début d'une période où les idéaux de justice sociale et économique ont progressivement été érodés.

2. **L'Ascension de Mobutu Sese Seko**

En 1965, Mobutu Sese Seko a pris le pouvoir, établissant un régime autocratique. Il a mis en place des politiques économiques qui ont souvent favorisé l'enrichissement personnel et la consolidation du pouvoir au détriment du développement national. La nationalisation des entreprises étrangères, initialement destinée à redistribuer la richesse, a été déviée pour servir une élite restreinte.

3. **Les Zairianisations et Radicalisations**

Les politiques de "zairianisation" et de "radicalisation" des années 1970 visaient à transférer les entreprises et les propriétés étrangères aux citoyens congolais. Bien que ces mesures aient été prises dans une bonne intention, leur exécution a été défaillante, menant à la corruption et à une gestion inefficace. Beaucoup d'entreprises nationalisées ont été attribuées à des proches du régime, sans que ceux-ci aient les compétences nécessaires pour les gérer, entraînant leur déclin.

Impact Économique et Social

1. **Effondrement des Institutions Économiques**

Les premières déviations ont gravement affaibli les institutions économiques. La Banque Nationale du Congo et d'autres institutions financières ont été politisées, et les décisions économiques ont souvent été prises pour des raisons politiques plutôt qu'économiques.

Le manque de transparence et de reddition de comptes a permis à la corruption de prospérer. Les ressources publiques ont souvent été détournées pour enrichir les dirigeants et leurs proches, laissant peu de moyens pour les investissements dans les infrastructures et les services publics.

2. Dégradation des Conditions de Vie

Les pratiques économiques déviantes ont eu un impact direct sur la qualité de vie des Congolais. Les services publics essentiels tels que la santé, l'éducation, et les infrastructures ont été négligés. Les inégalités économiques se sont accentuées, avec une élite riche contrastant fortement avec la majorité de la population vivant dans la pauvreté.

Les richesses naturelles du pays, qui auraient pu être utilisées pour améliorer la vie de la population, ont été exploitées de manière non durable et souvent illégale. Le secteur minier, en particulier, a été marqué par l'exploitation illégale et le travail forcé, exacerbant les conflits et l'instabilité dans les régions minières.

Les Acteurs Internationaux et leur Influence

1. Ingérences Étrangères

Les puissances étrangères, notamment les États-Unis, l'Union Soviétique, et la Belgique, ont joué un rôle crucial dans les premières années de l'indépendance de la RDC. Souvent motivées par des intérêts géopolitiques et économiques, ces interventions ont contribué à déstabiliser le pays.

Ces ingérences ont soutenu certains régimes et groupes au détriment d'autres, alimentant les conflits internes et les rivalités politiques. Cette dynamique a compliqué la mise en œuvre de politiques économiques stables et transparentes.

2. Impact des Institutions Financières Internationales

Les institutions financières internationales, comme le Fonds Monétaire International (FMI) et la Banque Mondiale, ont également influencé les politiques économiques de la RDC. Les programmes d'ajustement structurel imposés dans les années 1980 et 1990 ont souvent exigé des réformes économiques drastiques qui ont eu des effets mitigés sur l'économie congolaise.

Bien que ces programmes visaient à stabiliser l'économie et à attirer les investissements étrangers, ils ont souvent entraîné des réductions dans les dépenses sociales et des privatisations controversées, augmentant la vulnérabilité économique de la population.

naturelles ont entravé le développement économique durable du pays.

CHAPITRE 4

LES PREMIÈRES STRATÉGIES FINANCIÈRES

Introduction

Ce chapitre analyse les premières stratégies financières mises en œuvre en République Démocratique du Congo (RDC) après l'indépendance. Nous examinerons comment ces stratégies ont été conçues, appliquées, et leurs effets sur l'économie et la société congolaise. Nous explorerons également comment ces premières approches ont influencé les pratiques financières actuelles.

Contexte Historique

Après l'indépendance de la Belgique en 1960, la RDC a fait face à des défis économiques et sociaux complexes. Bien que dotée de ressources naturelles abondantes, le pays manquait d'une structure économique solide et d'une administration publique efficace. Les premiers gouvernements ont dû élaborer des stratégies pour gérer les ressources et stabiliser l'économie naissante.

Les premières politiques financières

1. Nationalisation des Ressources Naturelles

Parmi les premières mesures prises après l'indépendance, la nationalisation des ressources naturelles fut essentielle. Cette politique avait pour objectif de s'assurer que les richesses du pays profitent directement à la population congolaise plutôt qu'à des intérêts étrangers. Cependant, cette initiative a été entachée par des défis administratifs majeurs et des accusations de corruption.

2. Création de Banques Nationales et d'Institutions Financières

Le gouvernement a établi des institutions financières nationales pour réguler l'économie. La Banque Nationale du Congo (BNC) fut créée pour gérer la politique monétaire. Néanmoins, le manque de compétences techniques et les ingérences politiques ont compromis l'efficacité de ces nouvelles institutions.

3. Programmes de Développement et Projets Infrastructuraux

Des programmes de développement ambitieux furent lancés pour moderniser le pays, comprenant la construction de routes, de ponts et de réseaux électriques. Ces projets, financés principalement par des prêts internationaux, ont entraîné un endettement considérable, posant un défi majeur pour l'économie congolaise.

Problèmes et Défis

1. Corruption et Détournement de Fonds

La corruption s'est rapidement installée comme un problème central, les fonds destinés au développement étant fréquemment détournés par des fonctionnaires et des élites politiques. Cela a ralenti les progrès économiques et instauré une culture de malversation financière.

2. **Manque de Transparence et de Gestion Efficace**

    La gestion des finances publiques souffrait d'un manque de transparence, avec peu de mécanismes de reddition de comptes. Cette opacité a permis à des pratiques malhonnêtes de prospérer, souvent sans répercussions pour les responsables.

3. **Dépendance aux Ressources Naturelles**

    La RDC s'est retrouvée excessivement dépendante de ses ressources naturelles, sans diversifier son économie. Cela a rendu le pays vulnérable aux fluctuations des prix des matières premières sur le marché mondial, et les revenus des exportations de minerais n'ont pas été réinvestis dans d'autres secteurs économiques, créant ainsi une économie déséquilibrée.

Les premières figures de la finance congolaise

1. **Patrice Lumumba et ses Idéaux**

    Patrice Lumumba, premier Premier ministre de la RDC, incarnait une vision d'indépendance économique et de justice sociale pour le Congo. Bien que son mandat ait été bref, ses idéaux ont laissé une empreinte durable sur les premières politiques économiques du pays.

2. **Mobutu Sese Seko et la Kleptocratie**

    Mobutu Sese Seko, leader influent, a profondément marqué les premières stratégies financières de la RDC. Sous son régime, le pays est devenu une kleptocratie, où les ressources de l'État étaient exploitées pour enrichir l'élite au pouvoir. Les stratégies financières adoptées sous Mobutu visaient principalement à consolider son pouvoir personnel et à enrichir ses partisans.

3. Les Conséquences à Long Terme

Les premières stratégies financières mises en place après l'indépendance ont eu des répercussions durables sur l'économie congolaise. Les pratiques instaurées durant cette période ont contribué à établir les bases d'un machiavélisme financier qui perdure encore aujourd'hui. La faiblesse des institutions financières, la culture de la corruption et la dépendance excessive aux ressources naturelles ont entravé le développement économique durable du pays.

CHAPITRE 5

GOUVERNER PAR LES LOIS ET LA FORCE

Introduction

La République Démocratique du Congo (RDC) a traversé des phases de dictature qui ont profondément influencé ses structures politiques et économiques. Ces régimes autoritaires ont souvent facilité l'essor de la finance noire, créant un environnement propice à la corruption et aux pratiques financières illicites. Ce chapitre examine comment ces dictatures ont favorisé la montée de la finance noire, en mettant en lumière les méthodes employées, les principaux acteurs impliqués, ainsi que les répercussions sur la société congolaise.

Contexte Historique et Politique

Depuis son indépendance en 1960, la RDC a connu plusieurs régimes autoritaires, avec Mobutu Sese Seko étant l'une des figures les plus marquantes. Son règne, de 1965 à 1997, a été caractérisé par une centralisation du pouvoir et une corruption endémique. Sous sa gouvernance, les institutions démocratiques ont été affaiblies et les ressources nationales ont été captées par une élite restreinte.

Après Mobutu, bien que de nouveaux dirigeants aient promis des réformes, les pratiques de finance noire se sont souvent poursuivies. L'instabilité politique et les conflits armés ont exacerbé les défis économiques, créant un terrain fertile pour la corruption et les transactions illicites.

Les Mécanismes de la Finance Noire

La finance noire en RDC se manifeste par des pratiques telles que le blanchiment d'argent, la corruption et le détournement de fonds publics. Ces pratiques se sont institutionnalisées sous la dictature, protégées par des réseaux d'influence puissants.

Blanchiment d'Argent

Le blanchiment d'argent, qui consiste à légitimer des fonds d'origine illégale, est courant en RDC. Les élites utilisent des structures offshore, des sociétés-écrans et des transactions complexes pour masquer ces flux financiers. Ces méthodes permettent de transformer des profits issus de la corruption et de l'exploitation des ressources naturelles en actifs apparemment légaux.

Corruption et Détournement de Fonds

La corruption est omniprésente dans le secteur public en RDC, les fonctionnaires, souvent mal rémunérés, recourant à des pots-de-vin pour compléter leurs revenus. Les fonds publics destinés au développement sont régulièrement détournés pour financer des projets personnels ou soutenir des intérêts politiques.

Étude de Cas et Exemple Concret

- **Le Cas de la Gécamines**

  La Gécamines, une société minière publique, a longtemps été au cœur de scandales de corruption. Sous Mobutu, les revenus miniers étaient détournés vers des comptes privés à l'étranger, privant ainsi le pays de ressources essentielles pour son développement. Même après la fin du régime, ces pratiques opaques ont persisté, avec des millions de dollars disparaissant régulièrement des caisses de l'entreprise.

- **Le Cas de Tenke Fungurume Mining (TFM)**

  TFM est une joint-venture entre la société publique Gécamines et des partenaires étrangers comme Freeport-McMoRan et China Molybdenum Co., Ltd. Des rapports de l'organisation Global Witness ont soulevé des préoccupations quant à la transparence des transactions entre la Gécamines et ses partenaires privés, notamment en ce qui concerne des ventes d'actifs miniers à des prix inférieurs à leur valeur réelle.

  Source: Global Witness, "Regime Cash Machine" (2017)

- **Le Cas de Katanga Mining**

  Cette filiale de Glencore, une multinationale suisse, a été impliquée dans des scandales de corruption et des allégations de mauvaise gestion. Glencore a été accusée d'avoir soudoyé des fonctionnaires et d'avoir passé des contrats opaques avec des entités liées à des hommes d'affaires influents, comme Dan Gertler, afin d'obtenir des concessions minières.

  Source: Reuters, "Glencore faces bribery probe over Congo deals" (2018)

- **Affaire Dan Gertler**

  Dan Gertler, un homme d'affaires israélien, est devenu un acteur majeur dans le secteur minier congolais, notamment à travers des partenariats avec la Gécamines et d'autres entreprises publiques. Il a été accusé par le gouvernement américain d'avoir utilisé la corruption pour obtenir des contrats miniers à des prix préférentiels, ce qui a conduit à des sanctions à son encontre.

  Source: U.S. Department of the Treasury, "Treasury Sanctions Fourteen Entities Affiliated with Corrupt Businessman Dan Gertler Under Global Magnitsky" (2017)

- **Sicomines**

  Ce projet minier est le fruit d'un partenariat entre la RDC et la Chine, où des infrastructures ont été construites en échange de ressources minières.

Conséquences Sociales et Économiques

La finance noire a des conséquences désastreuses pour la société congolaise. La corruption systémique et le détournement de fonds publics privent les citoyens de services essentiels tels que la santé, l'éducation, et les infrastructures. En conséquence, la pauvreté et les inégalités persistent, malgré l'abondance des ressources naturelles.

Les institutions publiques sont affaiblies par la finance noire, compromettant leur capacité à gouverner efficacement. La confiance du public dans les institutions est érodée, aggravant l'instabilité politique et économique.

Efforts de Lutte et Résilience

Malgré ces défis, des initiatives sont mises en place pour combattre la finance noire en RDC. Des réformes législatives ont été adoptées pour renforcer la transparence et la responsabilité financière. Par exemple, l'Initiative pour la Transparence dans les Industries Extractives (ITIE) cherche à améliorer la transparence dans le secteur extractif.

Les organisations non gouvernementales et les journalistes jouent un rôle clé en dénonçant les abus et en plaidant pour des réformes. Les lanceurs d'alerte, bien que souvent en danger, contribuent à révéler les pratiques illicites et à sensibiliser le public.

Perspectives et Réflexions

Pour surmonter les défis posés par la finance noire, la RDC a besoin de réformes profondes et soutenues. Renforcer l'État de droit, promouvoir la transparence et responsabiliser les dirigeants sont des étapes cruciales. La communauté internationale a également un rôle à jouer en soutenant les initiatives locales et en imposant des sanctions aux acteurs corrompus.

L'avenir de la RDC dépendra de sa capacité à établir un système financier équitable et transparent, au service de l'ensemble de la population plutôt que d'une minorité privilégiée. Cela nécessitera un engagement continu et une volonté politique forte pour rompre avec les pratiques passées.

CHAPITRE 6

RAPPORT DE FORCE ENTRE LE POUVOIR; LES RIVALITÉS ET LES CONQUÊTES

Introduction

Les années de crise en République Démocratique du Congo (RDC) ont été marquées par des conflits armés persistants et une instabilité politique chronique. Ces périodes de turbulence ont eu des impacts économiques dévastateurs, mais ont également montré la résilience de certains segments de la société, notamment les élites politiques. Ce chapitre explore les impacts économiques des conflits armés et les stratégies de survie économique adoptées par les élites politiques pour maintenir et consolider leur pouvoir.

Les impacts économiques des conflits armés

Depuis la chute de Mobutu Sese Seko en 1997, la RDC a connu une série de conflits armés qui ont ravagé le pays. La Première Guerre du Congo (1996-1997) et la Seconde Guerre du Congo (1998-2003), souvent qualifiée de "Première Guerre Mondiale Africaine" en raison de l'implication de plusieurs pays africains, ont profondément marqué l'économie congolaise.

Destruction des infrastructures

Les conflits armés ont conduit à la destruction massive des infrastructures. Les routes, les ponts, les écoles, et les hôpitaux ont été endommagés ou détruits, entravant la circulation des biens et des personnes et limitant l'accès aux services essentiels. La dégradation des infrastructures a également affecté le secteur minier, pilier de l'économie congolaise, en rendant difficile l'extraction et l'exportation des ressources naturelles.

Par exemple, le réseau ferroviaire, essentiel pour le transport des minerais du Katanga vers les ports, a été gravement endommagé. Les ponts détruits et les routes impraticables ont isolé les régions productrices de minerais, compliquant encore davantage l'exportation de ces ressources.

Effondrement du tissu économique

Les combats ont perturbé les activités économiques locales. Les agriculteurs ont été forcés d'abandonner leurs terres, entraînant une chute de la production agricole et exacerbant l'insécurité alimentaire. De nombreuses entreprises ont fermé ou réduit leurs opérations, entraînant une augmentation du chômage et de la pauvreté.

Dans les zones de conflit, les marchés locaux ont souvent été pillés et détruits, ce qui a conduit à une pénurie de biens de consommation de base et à une augmentation des prix. Les entreprises, notamment celles de taille moyenne et petite, ont été particulièrement touchées, avec des pertes financières importantes et des fermetures massives.

Exode des populations

Les conflits ont provoqué des déplacements massifs de populations. Des millions de personnes ont été déplacées à l'intérieur du pays ou ont fui vers les pays voisins, créant une crise humanitaire de grande ampleur. Ces déplacements ont non seulement perturbé les communautés locales, mais ont également exercé une pression supplémentaire sur les économies locales déjà fragiles.

Les camps de réfugiés et les communautés d'accueil ont souvent manqué de ressources pour faire face à l'afflux massif de personnes déplacées. Les infrastructures de santé et d'éducation ont été débordées, et les conditions de vie dans les camps étaient souvent précaires, avec un accès limité à l'eau potable et à la nourriture.

Corruption et économie de guerre

Les conflits ont également favorisé l'émergence d'une économie de guerre. Des groupes armés et des réseaux criminels ont pris le contrôle de zones riches en ressources naturelles, exploitant illégalement les mines de diamants, d'or, et de coltan pour financer leurs activités. Cette exploitation illégale a privé l'État de revenus essentiels et a alimenté la corruption et la violence.

Les minerais de conflit, comme le coltan utilisé dans les appareils électroniques, ont été extraits dans des conditions déplorables et vendus sur le marché international par des groupes armés. Les bénéfices de ces ventes ont été utilisés pour acheter des armes et financer des opérations militaires, prolongeant ainsi les conflits et les souffrances des populations locales.

Stratégies de survie économique des élites politiques

Face à cette situation de crise, les élites politiques de la RDC ont déployé diverses stratégies pour assurer leur survie économique et maintenir leur pouvoir. Ces stratégies ont souvent impliqué l'exploitation des ressources naturelles, la manipulation des institutions étatiques et des alliances tactiques.

Manipulation des institutions étatiques

Les élites ont également manipulé les institutions étatiques pour consolider leur pouvoir et protéger leurs intérêts économiques. Cela inclut la nomination de proches aux postes clés, l'influence sur le système judiciaire pour éviter les poursuites pour corruption, et l'utilisation des forces de sécurité pour réprimer l'opposition et maintenir l'ordre.

Les élections en RDC ont souvent été entachées de fraudes et d'irrégularités, permettant aux élites de conserver le pouvoir. Les institutions de contrôle, comme la Cour des comptes et les agences anti-corruption, ont été systématiquement affaiblies ou cooptées, rendant difficile toute tentative de réforme ou de transparence.

Alliances tactiques

En période de crise, les alliances tactiques avec des acteurs nationaux et internationaux ont été cruciales. Les élites politiques ont souvent formé des alliances avec des groupes armés, des chefs traditionnels, et des partenaires étrangers pour renforcer leur pouvoir. Ces alliances, bien que souvent instables, ont permis aux élites de naviguer à travers les périodes de turbulence.

Par exemple, pendant les conflits, certaines élites ont noué des partenariats avec des groupes armés pour sécuriser les zones minières et garantir l'exportation des ressources. À l'international, des alliances avec des puissances étrangères ont permis d'obtenir des soutiens politiques et financiers en échange de concessions économiques.

Diversification des sources de revenus

Pour minimiser les risques, les élites ont diversifié leurs sources de revenus en investissant dans divers secteurs économiques tels que l'immobilier, le commerce, et les services. Ces investissements leur ont fourni une certaine sécurité financière et ont réduit leur dépendance aux revenus issus des ressources naturelles.

Les centres urbains comme Kinshasa et Lubumbashi ont vu une croissance rapide de l'immobilier, souvent financée par des capitaux issus de la corruption et du détournement de fonds. Ces investissements dans l'immobilier ont créé des poches de richesse dans un contexte général de pauvreté, soulignant l'inégalité économique exacerbée par les crises.

Conclusion

Les années de crise en RDC ont eu des impacts économiques dévastateurs, mais elles ont également révélé la résilience et l'adaptabilité des élites politiques. En exploitant les ressources naturelles, en manipulant les institutions étatiques, et en forgeant des alliances tactiques, ces élites ont réussi à maintenir leur pouvoir et à survivre économiquement dans un environnement instable. Cependant, ces stratégies ont souvent été mises en œuvre au détriment de la population congolaise, exacerbant la pauvreté, la corruption et l'instabilité.

CHAPITRE 7

LE RÉALISME MACHIAVELIEN; LE CONFLIT AU CŒUR DE LA POLITIQUE EN RDC

Introduction

La mondialisation a transformé en profondeur l'économie mondiale, et la République Démocratique du Congo (RDC) n'a pas été épargnée par ces changements. Si elle a offert des opportunités de croissance et de développement, la mondialisation a également engendré des effets secondaires complexes. Ce chapitre explore l'influence des multinationales et des organismes financiers internationaux sur l'économie congolaise, ainsi que les nouvelles formes de machiavélisme financier qui se sont développées à l'ère de la mondialisation.

L'Influence des Multinationales et des Organismes Financiers Internationaux

- **Les Multinationales en RDC:** Les multinationales occupent une place importante dans l'économie de la RDC, en particulier dans le secteur minier. Des entreprises telles que Glencore, China Molybdenum, et Ivanhoe Mines ont investi massivement dans l'extraction des ressources naturelles du pays, exploitant notamment ses riches gisements de cuivre, de cobalt, et de coltan.

Bien que ces investissements aient apporté des bénéfices économiques, comme la création d'emplois et des recettes fiscales pour l'État, ils ont également posé des défis majeurs:

- **Exploitation des ressources:** Les multinationales sont souvent accusées d'exploiter les ressources naturelles de la RDC sans garantir une répartition équitable des bénéfices. Les contrats miniers manquent souvent de transparence et sont négociés de manière à avantager les entreprises au détriment de l'État congolais.

- **Conditions de travail:** Les conditions de travail dans les mines sous contrôle des multinationales sont souvent précaires, avec des salaires bas et une sécurité insuffisante. Des violations des droits de l'homme, telles que le travail des enfants, sont également couramment rapportées.

- **Impact environnemental:** L'exploitation minière à grande échelle a des conséquences environnementales graves, telles que la déforestation, la pollution des cours d'eau, et la destruction des habitats naturels. Ces impacts affectent durement les communautés locales qui dépendent de ces écosystèmes pour leur subsistance.

Les Organismes Financiers Internationaux

Les organismes financiers internationaux, comme le Fonds Monétaire International (FMI) et la Banque Mondiale, exercent également une influence considérable sur l'économie congolaise. Leurs prêts et programmes de réformes visent à stabiliser l'économie et à promouvoir le développement, mais ces interventions sont souvent sujettes à controverse.

- **Programmes d'ajustement structurel**: Dans les années 1980 et 1990, la RDC a adopté des programmes d'ajustement structurel sous la supervision du FMI et de la Banque Mondiale. Ces programmes ont imposé des mesures d'austérité, telles que la réduction des dépenses publiques, la privatisation des entreprises d'État, et la libéralisation des marchés. Si certaines réformes étaient nécessaires, elles ont également entraîné des licenciements massifs, une augmentation de la pauvreté et une détérioration des services publics.

- **Conditionnalité des prêts:** Les prêts des organismes financiers internationaux sont souvent assortis de conditions strictes qui limitent la souveraineté économique de la RDC. Ces conditions peuvent inclure des réformes fiscales, des réductions de subventions, et des politiques de déréglementation, qui ne tiennent pas toujours compte des réalités locales et peuvent aggraver les inégalités.

- **Transparence et responsabilité**: Les efforts des organismes financiers internationaux pour promouvoir la transparence et la bonne gouvernance en RDC sont essentiels, mais les résultats sont mitigés. La corruption et le détournement de fonds restent des problèmes majeurs, limitant l'efficacité de l'aide internationale et des programmes de développement.

Les Nouvelles Formes de Machiavélisme Financier à l'Ère de la Mondialisation

La mondialisation a également donné naissance à des formes sophistiquées de machiavélisme financier, où des acteurs économiques et politiques utilisent des stratégies complexes pour maximiser leur pouvoir et leurs profits. Parmi ces pratiques figurent l'évasion fiscale, l'utilisation de paradis fiscaux, et la manipulation des marchés financiers.

Évasion Fiscale et Paradis Fiscaux

L'évasion fiscale est devenue une pratique courante parmi les élites politiques et économiques de la RDC. Grâce à des structures offshore et des paradis fiscaux, ces acteurs peuvent dissimuler leurs revenus et échapper à l'impôt dans leur pays d'origine.

- **Techniques d'évasion fiscale:** Les multinationales et les élites congolaises utilisent des techniques sophistiquées comme les prix de transfert, où les entreprises manipulent les prix des biens et services échangés entre leurs filiales dans différents pays pour réduire leur base d'imposition.

- **Paradis fiscaux:** Les paradis fiscaux offrent des avantages fiscaux attractifs et une confidentialité financière permettant aux individus et aux entreprises de cacher leurs actifs. Des juridictions telles que les îles Caïmans, le Luxembourg, et la Suisse sont couramment utilisées à cette fin.

Manipulation des Marchés Financiers

La mondialisation a également permis à des acteurs puissants de manipuler les marchés financiers. En utilisant des informations privilégiées, des pratiques spéculatives, et des stratégies d'investissement complexes, ces acteurs peuvent influencer les prix des actifs financiers et réaliser des profits substantiels.

- **Insider trading:** L'utilisation d'informations non publiques pour réaliser des transactions sur les marchés financiers est illégale, mais difficile à détecter et à prouver. En RDC, les connexions entre les élites politiques et les marchés financiers offrent des opportunités pour de telles pratiques.

- **Spéculation sur les matières premières:** La richesse de la RDC en ressources naturelles fait de ses matières premières des cibles de spéculation pour les acteurs financiers. Cette spéculation peut provoquer des fluctuations des prix qui affectent l'économie nationale et la stabilité des revenus.

Corruption Transnationale

La mondialisation facilite également la corruption transnationale, où des entreprises et des gouvernements étrangers sont impliqués dans des pratiques corruptives pour sécuriser des contrats et des accords avantageux.

- **Corruption dans les contrats miniers:** Des entreprises multinationales ont été accusées de verser des pots-de-vin à des officiels congolais pour obtenir des contrats miniers lucratifs. Ces pratiques sapent la gouvernance et privent l'État de revenus légitimes.

- **Blanchiment d argent:** Les flux financiers illicites provenant de la corruption, de l'évasion fiscale et de l'exploitation illégale des ressources sont souvent blanchis par des transactions complexes et des réseaux financiers internationaux. Le blanchiment d'argent permet de réintégrer ces fonds dans l'économie légale, masquant leur origine criminelle.

Conclusion

La mondialisation a apporté à la RDC des opportunités ainsi que des défis. L'influence des multinationales et des organismes financiers internationaux a été déterminante, mais souvent ambiguë, apportant à la fois des avantages économiques et des effets collatéraux négatifs. À l'ère de la mondialisation, de nouvelles formes de machiavélisme financier se sont développées, exacerbant les inégalités et la corruption.

Pour naviguer dans ce paysage mondial complexe, la RDC doit entreprendre des réformes structurelles, adopter une gouvernance plus transparente, et renforcer la coopération internationale. La lutte contre l'évasion fiscale, la manipulation des marchés financiers, et la corruption transnationale est cruciale pour garantir un développement équitable et durable. En définitive, il est essentiel que les bénéfices de la mondialisation soient répartis de manière équitable pour améliorer les conditions de vie de tous les Congolais, et non seulement d'une élite privilégiée.

CHAPITRE 8

LES RÉPONSES INSTITUTIONNELLES ET LÉGALES

Introduction

Face à la corruption et aux scandales financiers, la République Démocratique du Congo (RDC) a mis en œuvre diverses mesures institutionnelles et légales pour réguler et réformer son système. Ce chapitre explore les initiatives pour contrer la corruption, ainsi que les succès et échecs des politiques anticorruption.

- **Les tentatives de régulation et de réforme**

- **Création d'institutions anticorruption**

La RDC a créé plusieurs institutions pour lutter contre la corruption et promouvoir la transparence.

- **Commission Nationale de Lutte Contre la Corruption (CNLCC):** Cette commission coordonne les efforts contre la corruption, enquête sur les cas suspects, promeut la transparence dans les institutions publiques et sensibilise le public.

- **Observatoire de Surveillance de la Corruption et de l'Éthique Professionnelle (OSCEP):** L'OSCEP surveille les pratiques éthiques dans les secteurs public et privé, recueille les plaintes et propose des réformes pour améliorer l'éthique.

Réformes législatives et réglementaires

Le gouvernement congolais a mis en place plusieurs réformes pour renforcer la lutte contre la corruption et améliorer la gouvernance.

- Loi sur le blanchiment de capitaux et le financement du terrorisme (2018): Cette loi vise à prévenir le blanchiment et le financement du terrorisme en renforçant les obligations de déclaration pour les institutions financières et en imposant des sanctions strictes.

- Loi sur la transparence et la gouvernance dans le secteur des ressources naturelles (2015): Cette loi exige la divulgation publique des contrats miniers et pétroliers, ainsi que la publication des paiements des entreprises extractives aux autorités.

- Code minier révisé (2018): La révision du code minier a introduit des mesures pour augmenter les redevances, renforcer les exigences environnementales et sociales, et améliorer la transparence dans l'attribution des licences.

Initiatives internationales et partenariats

La RDC s'engage dans plusieurs initiatives internationales pour promouvoir la transparence et lutter contre la corruption.

- Initiative pour la Transparence dans les Industries Extractives (ITIE): En tant que membre de l'ITIE, la RDC s'engage à publier les revenus des ressources naturelles et à améliorer la participation citoyenne dans la gouvernance des secteurs extractifs.

- Partenariats avec des organisations internationales: La RDC collabore avec la Banque Mondiale, le FMI et l'Union Européenne pour mettre en œuvre des réformes institutionnelles et renforcer les capacités.

Réussites et échecs des politiques anticorruption

Réussites

Certaines initiatives anticorruption en RDC ont montré des résultats positifs.

- Amélioration de la transparence: L'adhésion à l'ITIE a conduit à une meilleure transparence dans le secteur extractif, avec des rapports détaillant les paiements des entreprises et les revenus de l'État, facilitant la surveillance par la société civile.

- Renforcement de la société civile: Les réformes ont renforcé le rôle des organisations de la société civile, telles que la Coalition pour la Transparence et la Gouvernance des Ressources Naturelles (CTGRN), dans la surveillance des politiques publiques et la sensibilisation.

Échecs

Cependant, plusieurs défis persistent.

- Manque de volonté politique: L'absence de volonté au plus haut niveau reste un obstacle, les élites politiques et économiques, souvent impliquées dans la corruption, ayant peu d'incitations à soutenir des réformes menaçant leurs intérêts.

- Faiblesse institutionnelle: Les institutions anticorruption manquent souvent de ressources et d'indépendance. La

CNLCC et l'OSCEP souffrent de sous-financement et d'interférences politiques, limitant leur efficacité.

- Impunité: La culture de l'impunité est enracinée, avec peu de poursuites contre les responsables de la corruption, les enquêtes souvent entravées par des pressions politiques.

- Complexité et lenteur des réformes: Les réformes sont souvent complexes et prennent du temps à être mises en œuvre, avec des processus bureaucratiques lourds ralentissant les progrès.

Conclusion

Les réponses institutionnelles et légales de la RDC face à la corruption varient, allant de la création d'institutions à la mise en œuvre de réformes législatives et de partenariats internationaux. Bien que certaines initiatives aient amélioré la transparence et renforcé la société civile, de nombreux défis subsistent. Le manque de volonté politique, la faiblesse des institutions, l'impunité et la lenteur des réformes continuent d'entraver les efforts anticorruption.

Pour lutter efficacement contre la corruption, il est crucial de renforcer les institutions de gouvernance, d'assurer le financement et l'indépendance des agences anticorruption, et de promouvoir une culture de transparence et de responsabilité. La coopération internationale et le soutien de la société civile sont également essentiels pour garantir que les ressources de la RDC bénéficient à l'ensemble de la population.

CHAPITRE 9

LE RÔLE DE LA SOCIÉTÉ CIVILE ET DES MÉDIAS

Introduction

La République Démocratique du Congo (RDC) est confrontée à des défis économiques majeurs, exacerbés par un historique de colonisation, de dictatures et de conflits. Parmi ces défis, le machiavélisme financier – l'exploitation et la détournement des fonds publics par les élites pour leurs propres intérêts – est particulièrement notable. Dans ce contexte, la société civile et les médias jouent un rôle vital dans la lutte contre ces pratiques. En exposant la corruption et en sensibilisant le public, ces acteurs deviennent essentiels pour la promotion de la transparence et de la responsabilité financière. Ce chapitre examine comment ces entités se mobilisent face aux défis financiers du pays.

La Société Civile: Acteurs et Initiatives

La société civile en RDC regroupe diverses ONG, associations et mouvements citoyens dédiés à la justice sociale et économique. Ces organisations sont souvent en première ligne pour dénoncer les abus financiers et appeler à des réformes.

Les ONG et leurs Rôles:

Des ONG locales et internationales, telles que la Ligue Congolaise de Lutte contre la Corruption (LICOCO) et Global Witness, jouent un rôle crucial dans la révélation des scandales financiers. Elles réalisent des enquêtes approfondies et publient des rapports sur les détournements de fonds publics et les transactions suspectes. Par exemple, Global Witness a exposé comment des millions de dollars issus des ressources minières ont été détournés par des responsables congolais et des entreprises étrangères.

LICOCO se concentre sur la corruption à un niveau plus local, collaborant avec les communautés affectées pour recueillir des preuves et faire pression sur les autorités locales. Ces efforts sont souvent accompagnés de campagnes de sensibilisation pour mobiliser l'opinion publique contre la corruption.

Les Mouvements Citoyens:

Des mouvements comme Lucha (Lutte pour le Changement) mobilisent la population pour exiger plus de transparence et de responsabilité de la part des dirigeants. Ils organisent des manifestations, des campagnes de sensibilisation et des actions de lobbying pour influencer les politiques publiques. Par exemple, Lucha utilise les réseaux sociaux pour mobiliser de grandes foules et attirer l'attention sur les problèmes de corruption et de mauvaise gouvernance.

Ces mouvements font souvent face à la répression gouvernementale, mais leur détermination et leur capacité à s'organiser de manière décentralisée ont été essentielles pour maintenir la pression sur les autorités. Leur utilisation des technologies modernes pour coordonner leurs actions est un facteur clé de leur succès.

Les Médias: Gardien de la Transparence

Les médias congolais, malgré de nombreux défis, ont joué un rôle crucial dans la dénonciation des pratiques financières douteuses. Ils sont souvent le principal canal par lequel les informations sur la corruption et les abus financiers parviennent au public.

Le Journalisme d'Investigation:

Des journalistes d'investigation travaillant pour des médias comme RFI (Radio France Internationale) et des publications locales prennent des risques importants pour exposer la corruption. Leurs reportages mettent en lumière des cas de détournement de fonds, de blanchiment d'argent et de contrats illégaux. Par exemple, des enquêtes sur les transactions minières et pétrolières ont révélé comment des hauts fonctionnaires utilisaient des sociétés écran pour siphonner les revenus des ressources naturelles.

Ces journalistes utilisent des sources anonymes, des documents fuités et des techniques d'investigation sophistiquées pour révéler des pratiques illégales, souvent en collaboration avec des ONG internationales pour accroître l'impact de leurs révélations.

Les Défis des Médias:

Les médias en RDC doivent souvent faire face à la censure, aux menaces et aux attaques physiques. Malgré ces obstacles, ils continuent de jouer un rôle essentiel en informant le public et en exerçant une pression sur les autorités pour plus de transparence.

Les propriétaires de médias peuvent aussi être influencés par des intérêts politiques et économiques, ce qui limite parfois la liberté des journalistes. Cependant, l'émergence des médias en ligne et des plateformes de réseaux sociaux a ouvert de nouvelles avenues pour diffuser l'information, permettant aux journalistes de contourner certaines restrictions imposées par les médias traditionnels.

Les Synergies entre Société Civile et Médias

La collaboration entre la société civile et les médias est souvent cruciale pour combattre le machiavélisme financier. Les ONG fournissent des données et des preuves, tandis que les médias diffusent ces informations à une large audience, créant un impact maximal.

Les Campagnes de Sensibilisation:

Des campagnes conjointes, telles que celles contre la corruption dans le secteur minier, montrent comment ces deux acteurs peuvent collaborer efficacement. En combinant les recherches approfondies des ONG avec la portée des médias, ces campagnes attirent l'attention sur des enjeux cruciaux. Par exemple, une campagne conjointe entre Global Witness et des médias locaux a révélé comment les profits de l'exploitation minière étaient détournés vers des comptes offshore, provoquant une réaction internationale et menant à des enquêtes officielles.

Les Ateliers et Formations:

Des ateliers et des formations pour les journalistes et les membres de la société civile renforcent cette synergie. En partageant des techniques d'investigation et des méthodes de reportage, ces initiatives améliorent la qualité des enquêtes sur la corruption. Par exemple, des programmes financés par des organisations internationales ont formé des jeunes journalistes et militants en journalisme d'investigation et en utilisation des outils numériques pour documenter la corruption.

Ces collaborations ont également favorisé la création de réseaux de soutien et de solidarité entre journalistes et militants, leur offrant des ressources et une protection face aux menaces.

Études de Cas et Impact

Plusieurs études de cas illustrent l'impact significatif de la société civile et des médias dans la lutte contre le machiavélisme financier en RDC.

L'Affaire des Contrats Miniers:

Un exemple est l'affaire des contrats miniers révélée par Global Witness et diffusée par divers médias. Cette enquête a exposé des détournements de fonds dans des transactions opaques, entraînant des pressions internationales et des réformes gouvernementales. Les révélations ont montré la complicité de hauts fonctionnaires congolais et d'entreprises étrangères dans le détournement de fonds destinés à des projets de développement.

Le Scandale de la Banque Centrale:

Un autre cas est le scandale de la Banque Centrale de la RDC, où des fonds publics ont été détournés. Les révélations des ONG locales, relayées par les médias, ont conduit à une enquête officielle et à des réformes visant à renforcer la gouvernance financière. Les enquêtes ont mis en évidence un réseau complexe de transactions illégales impliquant des fonctionnaires et des institutions financières internationales, conduisant à des poursuites et à des réformes financières.

Conclusion

La société civile et les médias jouent un rôle crucial dans la lutte contre le machiavélisme financier en RDC. Malgré les défis et les risques, ces acteurs continuent de se battre pour plus de transparence et de responsabilité. Leur collaboration contribue à exposer les abus financiers et à instaurer une culture de responsabilité essentielle pour le développement durable du pays. En renforçant leur collaboration et leurs capacités, la société civile et les médias peuvent être des catalyseurs importants pour une RDC plus juste et équitable.

CHAPITRE **10**

LES PARTENARIATS PUBLIC-PRIVÉ: OPPORTUNITÉS ET DÉFIS

Introduction

Les partenariats public-privé (PPP) en République Démocratique du Congo (RDC) représentent une approche stratégique pour stimuler le développement économique et social du pays. En associant les ressources et l'expertise du secteur privé avec la mission et les objectifs du secteur public, ces collaborations peuvent débloquer des ressources essentielles pour des projets d'infrastructure et de services publics. Cependant, ces partenariats ne sont pas sans risques, notamment dans un contexte où la corruption et le favoritisme restent des défis majeurs. Ce chapitre explore les avantages et les dérives potentielles des PPP en RDC, en mettant en lumière les conditions nécessaires pour maximiser leurs bénéfices tout en minimisant les risques.

Avantages des Partenariats Public-Privé en RDC

Mobilisation des Ressources Financières

Dans un pays où les ressources publiques sont souvent limitées, les PPP offrent une opportunité précieuse de mobiliser des capitaux privés pour financer des projets ambitieux. Par exemple, dans le secteur des infrastructures, les PPP permettent de financer la construction de routes, de ponts, d'hôpitaux, et d'écoles, des projets qui seraient autrement hors de portée du seul financement public. Ces partenariats sont particulièrement précieux pour le développement de projets énergétiques, tels que les centrales hydroélectriques ou solaires, où l'investissement initial est élevé.

Amélioration de l'Efficacité Opérationnelle

Les entreprises privées, motivées par la rentabilité, sont souvent plus efficaces dans la gestion des projets que les entités publiques. Elles introduisent des pratiques de gestion axées sur la performance, l'efficience et le respect des délais. Cette expertise peut se traduire par des réductions de coûts, une amélioration de la qualité des services, et une livraison plus rapide des projets. Dans le secteur de la santé, par exemple, la gestion privée a parfois permis d'offrir des services de meilleure qualité à un coût inférieur.

Innovation Technologique

Le secteur privé, souvent en pointe en matière d'innovation, peut introduire des technologies et des méthodes modernes dans la gestion des services publics. Cela est particulièrement vrai dans les secteurs tels que l'eau et l'assainissement, où des solutions technologiques avancées peuvent améliorer l'accès à l'eau potable et la gestion des déchets. En intégrant ces innovations, les PPP peuvent contribuer à moderniser les services publics en RDC, en les rendant plus efficaces et durables.

Répartition des Risques

Les PPP permettent également une répartition des risques entre les partenaires publics et privés. En partageant les risques financiers, techniques, et opérationnels, ces partenariats réduisent la charge qui pèse sur le secteur public tout en rendant les projets plus attrayants pour les investisseurs privés. Cette répartition des risques est cruciale pour attirer des investissements privés dans des projets à long terme, souvent perçus comme risqués.

Les Défis des Partenariats Public-Privé en RDC

Risques de Corruption

La corruption est un fléau qui peut compromettre les avantages des PPP en RDC. Les processus d'appel d'offres et d'attribution des contrats sont souvent vulnérables à la manipulation, favorisant les entreprises qui offrent des pots-de-vin ou qui ont des connexions politiques. Ces pratiques entraînent des surcoûts, des retards, et des projets de mauvaise qualité, sapant la confiance du public et des investisseurs. Il est donc essentiel de mettre en place des mécanismes de gouvernance solides pour prévenir la corruption et garantir que les projets servent réellement l'intérêt public.

Favoritisme

Le favoritisme est un autre problème qui peut nuire à l'efficacité des PPP en RDC. Les entreprises ayant des liens étroits avec des personnalités politiques peuvent être privilégiées lors de l'attribution des contrats, ce qui compromet la concurrence et la transparence. Ce favoritisme décourage les investisseurs potentiels et peut conduire à une allocation inefficace des ressources, où des projets prioritaires sont négligés au profit de ceux qui profitent à des individus influents.

Manque de Transparence

Le manque de transparence dans la gestion des PPP constitue un obstacle majeur à leur succès. Lorsque les termes des contrats et les processus de sélection ne sont pas ouverts au public, il devient difficile pour les citoyens et les organisations de la société civile de surveiller et d'évaluer l'efficacité des projets. Ce manque de transparence augmente le risque de corruption et d'abus, et compromet la responsabilisation des acteurs impliqués.

Captation des Bénéfices par des Élites

Enfin, il existe un risque que les bénéfices des PPP soient captés par des élites, aux dépens des populations locales. Les projets peuvent être conçus pour servir les intérêts privés de quelques-uns plutôt que pour répondre aux besoins urgents des communautés. Cette situation reflète un schéma de machiavélisme financier, où les ressources publiques sont détournées au profit d'une minorité, laissant la majorité de la population sans accès aux services essentiels.

Conclusion

Les partenariats public-privé offrent des opportunités importantes pour le développement de la RDC, en particulier dans les secteurs des infrastructures et des services publics. Cependant, pour que ces partenariats soient véritablement bénéfiques, il est essentiel d'adopter des mécanismes de gouvernance rigoureux, axés sur la transparence, la responsabilité et la lutte contre la corruption. En renforçant les capacités institutionnelles et en encourageant la participation citoyenne, la RDC peut maximiser les avantages des PPP tout en minimisant les risques de dérives. Une gestion éthique et transparente des PPP est cruciale pour transformer ces opportunités en avantages concrets pour l'ensemble de la population congolaise

CHAPITRE 11

LES POLITIQUES MONÉTAIRES ET FISCALES

Introduction

Les politiques monétaires et fiscales sont les principaux leviers à travers lesquels les gouvernements cherchent à réguler l'économie, stabiliser les prix, promouvoir la croissance et maintenir la stabilité financière. En République Démocratique du Congo (RDC), un pays confronté à des défis économiques, politiques et sociaux spécifiques, ces politiques revêtent une importance cruciale. Toutefois, dans ce contexte, il n'est pas rare de voir ces politiques détournées à des fins personnelles ou politiques, illustrant une forme de machiavélisme financier. Ce chapitre analyse en profondeur la nature et l'impact des politiques monétaires et fiscales en RDC, tout en examinant les stratégies machiavéliques employées pour influencer leur mise en œuvre.

Section 1: Les Politiques Monétaires en RDC

Rôle de la Banque Centrale

La Banque Centrale du Congo (BCC) est l'institution responsable de la mise en œuvre de la politique monétaire en RDC. Sa mission principale est de maintenir la stabilité des prix, d'assurer la stabilité financière et de favoriser une croissance économique équilibrée. La BCC dispose de divers outils pour réguler la masse monétaire, influencer les taux d'intérêt, et superviser le système bancaire.

Dans un environnement économique fréquemment perturbé par des chocs externes, des instabilités politiques internes, et une infrastructure financière fragile, la BCC joue un rôle crucial. La gestion de la politique monétaire dans un tel contexte exige une grande habileté et une compréhension approfondie des dynamiques économiques locales et internationales.

Outils de Politique Monétaire

Les principaux outils de la politique monétaire de la BCC sont:

- **Taux d'Intérêt**: La BCC ajuste les taux d'intérêt directeurs pour influencer le coût des emprunts et encourager ou décourager l'épargne. Par exemple, une hausse des taux d'intérêt peut contenir l'inflation en rendant le crédit plus coûteux, mais elle peut aussi freiner la croissance économique en réduisant les investissements.

- **Réserves Obligatoires:** La BCC peut imposer des réserves obligatoires aux banques commerciales, limitant ainsi leur capacité à prêter de l'argent, ce qui influe sur la masse monétaire. Une augmentation des réserves obligatoires réduit la liquidité disponible pour les prêts, ce qui peut aider à maîtriser l'inflation.

- **Opérations sur le Marché Ouvert**: La BCC achète ou vend des titres pour réguler la liquidité. Acheter des titres injecte de l'argent dans l'économie, tandis que vendre des titres retire de l'argent du système, ce qui peut réduire l'inflation.

- **Intervention sur le Marché des Changes:** La BCC peut intervenir sur le marché des changes pour stabiliser le taux de change. Dans un pays comme la RDC, où l'économie dépend fortement des importations, la stabilité du taux de change est cruciale.

Objectifs et Défis

Les principaux objectifs de la politique monétaire en RDC incluent le contrôle de l'inflation, la stabilisation du taux de change, et la promotion d'une croissance économique durable. Cependant, la réalisation de ces objectifs est compliquée par plusieurs défis:

- **Inflation Volatile:** L'inflation en RDC est influencée par des facteurs externes comme les fluctuations des prix des matières premières et des facteurs internes tels que l'instabilité politique. Cette volatilité complique la tâche de la BCC de maintenir une politique monétaire stable.

- **Dollarisation de l'Économie:** L'usage répandu du dollar américain dans les transactions internes limite l'efficacité des politiques monétaires de la BCC. La dollarisation réduit la capacité de la BCC à contrôler directement l'économie nationale.

- **Faible Développement Financier:** Le secteur financier en RDC est encore sous-développé, ce qui limite l'efficacité des politiques monétaires. Les institutions financières peinent souvent à réagir efficacement aux changements de politique, limitant ainsi leur impact.

- **Confiance du Public:** La confiance dans le système financier et la monnaie nationale a été érodée par des périodes de forte inflation et des crises financières. Restaurer cette confiance est un défi constant pour la BCC.

Machiavélisme dans la Politique Monétaire

La politique monétaire en RDC n'échappe pas aux manipulations machiavéliques. Des acteurs économiques influents, y compris des politiciens et des élites économiques, peuvent user de leur influence pour orienter les décisions de la BCC à leur avantage. Ces pressions peuvent inclure la manipulation des taux d'intérêt pour faciliter l'accès au crédit pour des projets spécifiques ou la stabilisation du taux de change pour protéger les intérêts financiers d'acteurs puissants.

Par exemple, des interventions sur le marché des changes peuvent être utilisées pour éviter des crises économiques avant des élections, ou pour stabiliser la monnaie nationale de manière à protéger les investissements des alliés politiques du gouvernement en place. De telles manipulations peuvent altérer les priorités de la BCC et compromettre la stabilité économique à long terme.

Section 2: Les Politiques Fiscales en RDC

Rôle du Gouvernement

Le gouvernement congolais, par l'intermédiaire du ministère des Finances, est chargé de la formulation et de la mise en œuvre de la politique fiscale. Celle-ci inclut la taxation, les dépenses publiques, et la gestion de la dette. L'objectif principal de la politique fiscale est de mobiliser des ressources pour financer les services publics et les infrastructures, tout en assurant une distribution équitable des richesses.

En RDC, où les besoins de développement sont immenses mais les ressources limitées, la politique fiscale est un outil crucial pour stimuler l'économie et réduire les inégalités. Cependant, son efficacité est souvent compromise par des défis structurels et institutionnels.

Outils de Politique Fiscale

Les principaux instruments de la politique fiscale en RDC sont:

- **Impôts Directs et Indirects:** Les impôts directs incluent l'impôt sur le revenu des individus et des entreprises, tandis que les impôts indirects englobent la TVA, les droits de douane, et les accises. Les impôts directs sont généralement plus équitables car ils sont basés sur la capacité de payer, tandis que les impôts indirects peuvent être plus régressifs.

- **Dépenses Publiques:** Le gouvernement investit dans des projets d'infrastructure, l'éducation, la santé, et d'autres services sociaux. Ces dépenses peuvent stimuler l'économie en créant des emplois et en améliorant les infrastructures, mais doivent être gérées prudemment pour éviter des déficits excessifs.

- **Gestion de la Dette:** Une gestion efficace de la dette publique est essentielle pour maintenir la confiance des investisseurs et éviter les crises de solvabilité. En RDC, une stratégie de gestion de la dette bien conçue est cruciale pour éviter les pièges de la dette tout en répondant aux besoins de financement.

Objectifs et Défis

La politique fiscale en RDC vise à promouvoir la croissance économique, réduire la pauvreté, et maintenir la stabilité macroéconomique. Cependant, elle fait face à plusieurs défis:

- **Évasion et Fraude Fiscales:** L'évasion fiscale réduit les recettes publiques, limitant la capacité du gouvernement à financer les services essentiels. La faiblesse des institutions fiscales et la corruption exacerbent ce problème.

- **Dépendance aux Ressources Naturelles:** La dépendance aux recettes provenant des ressources naturelles expose le budget aux fluctuations des prix des matières premières, rendant la planification budgétaire difficile.

- **Capacité Administrative Limitée:** Des institutions fiscales faibles et des capacités administratives limitées entravent l'efficacité de la collecte des impôts et de la gestion des dépenses publiques.

- **Inégalités Régionales:** La RDC est un pays vaste avec des disparités régionales importantes. La politique fiscale doit tenir compte de ces différences pour assurer une distribution équitable des ressources et des services publics.

Machiavélisme dans la Politique Fiscale

La politique fiscale en RDC est également sujette aux influences machiavéliques. Les élites économiques et politiques peuvent utiliser leur pouvoir pour influer sur la législation fiscale à leur avantage. Cela peut inclure des exonérations fiscales pour les entreprises affiliées à des acteurs influents, des dépenses publiques orientées vers des projets favorisant des intérêts particuliers, et des manipulations de la gestion de la dette pour servir des objectifs politiques à court terme.

Par exemple, des allégements fiscaux peuvent être accordés à des entreprises appartenant à des alliés politiques, ou des projets d'infrastructure peuvent être dirigés vers des régions spécifiques en fonction de considérations politiques plutôt que des besoins économiques réels. De même, la gestion de la dette publique peut être influencée par des objectifs électoraux, avec des décisions visant à maintenir des niveaux de dépenses élevés pour gagner le soutien électoral, au détriment de la stabilité financière à long terme.

Conclusion

Les politiques monétaires et fiscales sont des outils cruciaux pour la gestion économique en RDC. Toutefois, leur efficacité est souvent compromise par des défis structurels et institutionnels significatifs. Une compréhension approfondie de ces politiques et de leur impact est essentielle pour formuler des stratégies visant à améliorer la stabilité économique et à promouvoir une croissance durable en RDC.

En examinant ces politiques à travers le prisme du machiavélisme financier, on peut mieux comprendre les dynamiques de pouvoir et les enjeux politiques qui influencent la prise de décision économique dans le pays. Pour aller de l'avant, il est crucial que la RDC renforce ses institutions financières et fiscales, améliore la transparence et la responsabilité dans la gestion des politiques économiques, et lutte activement contre les pratiques machiavéliques qui compromettent un développement économique équitable et durable.

CHAPITRE 12

L'IMPACT DES POLITIQUES ÉTRANGÈRES

Introduction

L'histoire économique de la République Démocratique du Congo (RDC) est profondément marquée par l'influence des puissances étrangères. Depuis l'époque coloniale jusqu'à nos jours, les intérêts géopolitiques et économiques des nations étrangères ont façonné les politiques économiques du pays, impactant à la fois son développement et sa souveraineté. Ce chapitre examine comment ces influences extérieures se manifestent, les motivations sous-jacentes des puissances impliquées, et les conséquences pour l'économie congolaise.

1. Les Intérêts Stratégiques et Économiques

Les richesses naturelles de la RDC, notamment en minerais stratégiques comme le cobalt, le cuivre, le coltan et les diamants, ont toujours attiré l'attention des puissances étrangères. Ces ressources sont essentielles pour les industries technologiques et énergétiques mondiales, ce qui fait de la RDC un acteur clé sur la scène internationale.

1.1. La Chine

La Chine a émergé comme un partenaire économique majeur pour la RDC au cours des deux dernières décennies. Les accords "ressources contre infrastructures" sont emblématiques de cette relation. En échange de concessions minières, la Chine finance la construction de routes, d'hôpitaux, et d'autres infrastructures essentielles.

Impacts Positifs:

- **Développement des infrastructures:** Ces projets ont permis d'améliorer les infrastructures de transport et de santé, stimulants ainsi le développement économique local.

- **Augmentation des investissements:** La présence chinoise a attiré d'autres investissements étrangers, contribuant à la croissance économique.

Impacts Négatifs:

- **Endettement croissant:** Les prêts contractés auprès de la Chine augmentent la dette extérieure de la RDC, réduisant sa marge de manœuvre financière.

- **Souveraineté compromise:** Les termes des accords donnent souvent à la Chine un contrôle significatif sur les ressources naturelles de la RDC, limitant la capacité du pays à gérer ses propres ressources de manière autonome.

1.2. Les États-Unis et l'Union Européenne

Les États-Unis et l'Union Européenne exercent une influence différente, souvent par le biais d'aides conditionnelles et de pressions politiques pour des réformes de gouvernance.

Impacts Positifs:

- **Réformes institutionnelles:** L'aide conditionnée à des réformes a encouragé la RDC à améliorer la gouvernance, la transparence et le respect des droits humains.

- **Stabilisation économique:** Les programmes de soutien économique ont aidé à stabiliser l'économie, en particulier pendant les crises financières.

Impacts Négatifs:

- **Imposition de réformes:** Les conditionnalités de l'aide peuvent contraindre la RDC à adopter des politiques qui ne sont pas toujours adaptées à son contexte local.

- **Dépendance:** La dépendance à l'aide extérieure limite la capacité de la RDC à développer des politiques économiques indépendantes.

2. L'Influence des Institutions Financières Internationales

Les institutions financières internationales, telles que le Fonds Monétaire International (FMI) et la Banque Mondiale, jouent un rôle crucial dans la politique économique de la RDC. Leurs programmes de prêts et d'ajustement structurel ont eu des impacts profonds sur l'économie congolaise.

2.1. *Les Programmes d'Ajustement Structurel*

Dans les années 1980 et 1990, la RDC a mis en œuvre plusieurs programmes d'ajustement structurel sous l'égide du FMI et de la Banque Mondiale. Ces programmes visaient à stabiliser l'économie en encourageant la libéralisation du marché, la privatisation des entreprises publiques et la réduction des dépenses publiques.

Impacts Positifs:

- **Stabilisation macroéconomique:** Ces programmes ont aidé à réduire l'inflation et à stabiliser la monnaie.

- **Attraction d'investissements étrangers:** La libéralisation a créé un environnement plus attractif pour les investisseurs étrangers.

Impacts Négatifs:

- **Conséquences sociales:** La réduction des dépenses publiques a entraîné une diminution des services sociaux essentiels, augmentant la pauvreté et les inégalités.

- **Dépendance institutionnelle:** La mise en œuvre des programmes a renforcé la dépendance de la RDC vis-à-vis des institutions financières internationales.

2.2. *La Dette Extérieure*

La question de la dette extérieure est un autre aspect critique de l'influence des institutions financières internationales. La RDC a contracté des dettes considérables, limitant ainsi sa capacité à financer ses projets de développement autonomes.

Impacts Positifs:

- **Allègement de la dette:** Les initiatives de réduction de la dette, telles que l'Initiative des Pays Pauvres Très Endettés (PPTE), ont allégé le fardeau financier de la RDC.

- **Financement de projets:** Les prêts ont permis de financer des projets d'infrastructure et de développement essentiels.

Impacts Négatifs:

- **Conditionnalités strictes:** Les plans de restructuration de la dette viennent souvent avec des conditions strictes qui limitent la souveraineté économique du pays.

- **Endettement récurrent:** Malgré les allègements, la RDC continue de s'endetter, ce qui pose des défis pour la durabilité économique.

3. Les Conséquences de l'Influence Étrangère

L'influence des puissances étrangères sur la politique économique de la RDC présente à la fois des opportunités et des défis significatifs.

3.1. La Souveraineté Économique

La souveraineté économique de la RDC est souvent compromise par l'ingérence étrangère. Les décisions économiques cruciales sont prises sous l'influence des partenaires étrangers, ce qui limite la capacité du pays à adopter des politiques autonomes.

Exemples de compromis de souveraineté:

- **Accords de prêts:** Les termes des accords de prêts peuvent imposer des restrictions sévères sur la politique économique du pays.

- **Conditionnalités d'aide:** Les réformes imposées comme conditions d'aide peuvent ne pas être alignées avec les besoins et priorités locales.

3.2. Les Défis et Opportunités

Pour surmonter les défis posés par l'influence étrangère, la RDC doit adopter des stratégies pour renforcer sa gouvernance, diversifier son économie et réduire sa dépendance vis-à-vis des puissances étrangères.

Stratégies potentielles:

- **Renforcement de la gouvernance:** Améliorer la transparence et la lutte contre la corruption pour créer un environnement plus stable et attractif pour les investissements locaux et étrangers.

- **Diversification économique:** Promouvoir des secteurs économiques autres que l'exploitation minière pour réduire la dépendance aux ressources naturelles.

- **Partenariats équilibrés:** Négocier des accords qui respectent la souveraineté nationale et maximisent les bénéfices pour la population locale.

Conclusion

L'influence des puissances étrangères sur la politique économique de la RDC est une réalité complexe, aux implications multiples. Si les investissements et l'aide internationale ont apporté des bénéfices significatifs, ils ont également limité la souveraineté économique et engendré des défis pour un développement durable. La RDC doit naviguer prudemment dans ses relations internationales, en veillant à protéger ses intérêts nationaux tout en maximisant les opportunités de croissance économique et de développement durable. Une approche équilibrée et stratégique est essentielle pour garantir un avenir prospère et autonome pour le pays.

CHAPITRE 13

L'APOGÉE DU MACHIAVÉLISME FINANCIER EN RDC

Introduction

L'essor du machiavélisme financier en République Démocratique du Congo (RDC) est un phénomène profondément ancré dans son histoire politique et économique. Ce concept désigne la manipulation des finances publiques par les élites pour maintenir et consolider leur pouvoir, souvent au détriment du développement économique du pays. Ce chapitre explore les différentes périodes marquantes de l'histoire congolaise qui ont contribué à l'enracinement et à l'évolution de ces pratiques, et analyse les facteurs qui ont conduit à l'apogée du machiavélisme financier en RDC.

1. Les périodes historiques marquantes

L'histoire post-indépendance de la RDC est caractérisée par des périodes de crises politiques et économiques, au cours desquelles les pratiques de machiavélisme financier ont pris racine et se sont intensifiées.

1.1. Période post-indépendance (1960s - 1970s)

Après avoir obtenu son indépendance en 1960, la RDC a plongé dans une ère d'instabilité politique marquée par des coups d'État et des conflits internes. L'ascension au pouvoir de Mobutu Sese Seko en 1965 a inauguré une ère de corruption systémique, où les ressources de l'État étaient détournées pour servir les intérêts personnels de l'élite dirigeante.

1.2. Règne de Mobutu Sese Seko (1965 - 1997)

Sous Mobutu, la RDC a été transformée en une véritable kleptocratie. Les entreprises nationales ont été nationalisées, permettant au régime de contrôler étroitement l'économie et de concentrer les richesses entre les mains de quelques privilégiés. Mobutu a utilisé les finances publiques de manière stratégique pour consolider son pouvoir, en distribuant les richesses à ses partisans et en réprimant toute opposition.

1.3. Période de transition (1997 - 2001)

La chute de Mobutu et l'arrivée de Laurent-Désiré Kabila au pouvoir en 1997 n'ont pas marqué la fin du machiavélisme financier en RDC. Au contraire, la période de guerre civile qui a suivi a vu l'intensification des pratiques de corruption, les groupes armés et les acteurs politiques cherchant à exploiter les ressources naturelles pour financer leurs activités.

1.4. Régime de Joseph Kabila (2001 - 2019)

Le régime de Joseph Kabila n'a pas réussi à endiguer la corruption endémique en RDC. Malgré l'annonce de réformes visant à améliorer la gouvernance, les détournements de fonds publics et l'enrichissement personnel au sommet de l'État ont continué d'être monnaie courante. Cette période a vu l'enracinement du machiavélisme financier au sein de l'élite politique.

1.5. Situation actuelle

Depuis l'élection de Félix Tshisekedi en 2019, des réformes anti-corruption ont été promises, mais les défis restent colossaux. Les pratiques de corruption et de détournement de fonds continuent d'affecter la RDC, posant la question de savoir si le pays a atteint l'apogée du machiavélisme financier.

2. Les facteurs contribuant à l'apogée du machiavélisme financier

Plusieurs facteurs ont favorisé l'essor du machiavélisme financier en RDC, contribuant à la consolidation de ce phénomène au fil des décennies.

2.1. Ressources naturelles abondantes

L'immense richesse minérale de la RDC, notamment en cobalt, cuivre, et diamants, a été à la fois une bénédiction et une malédiction. Ces ressources ont attiré la convoitise des élites politiques et économiques, qui ont exploité ces richesses pour leur enrichissement personnel, souvent au détriment du développement national.

2.2. Faiblesse des institutions

Les institutions de gouvernance en RDC sont souvent faibles et vulnérables à la corruption. Cette faiblesse institutionnelle a permis aux élites de détourner les fonds publics avec impunité, sans crainte de représailles, renforçant ainsi le cycle de la corruption.

2.3. Conflits et instabilité

Les périodes de conflit ont exacerbé les pratiques de machiavélisme financier. Chaque faction, qu'elle soit militaire ou politique, a cherché à s'enrichir en exploitant les ressources naturelles pour financer ses activités, aggravant la situation économique et sociale du pays.

2.4. Absence de transparence et de responsabilité

Le manque de transparence dans la gestion des finances publiques et l'absence de mécanismes efficaces de reddition de comptes ont permis à la corruption de prospérer en RDC. L'absence de sanctions contre les auteurs de détournements a également contribué à la perpétuation de ces pratiques.

3. Perspectives d'avenir

L'avenir du machiavélisme financier en RDC dépendra de la capacité du pays à surmonter les défis institutionnels et à mettre en œuvre des réformes profondes.

3.1. Renforcement des institutions

Pour combattre le machiavélisme financier, il est essentiel de renforcer les institutions de gouvernance en RDC. Cela inclut la création de mécanismes de contrôle et de transparence plus rigoureux, ainsi que l'application stricte des lois contre la corruption.

3.2. Promotion de la transparence et de la responsabilité

La promotion de la transparence dans la gestion des finances publiques est cruciale pour prévenir la corruption. Il est également nécessaire d'établir des mécanismes de responsabilité qui garantissent que les auteurs de détournements de fonds soient tenus pour responsables de leurs actes.

3.3. Mobilisation de la société civile

La participation active de la société civile est indispensable pour mettre fin aux pratiques de machiavélisme financier. Une société civile engagée peut jouer un rôle clé en surveillant les actions du gouvernement et en demandant des comptes aux dirigeants.

3.4. Coopération internationale

La coopération avec la communauté internationale peut également aider la RDC à lutter contre la corruption. Le soutien technique et financier des partenaires internationaux peut renforcer les capacités locales à mettre en œuvre des réformes efficaces.

Conclusion

Le machiavélisme financier en RDC est le produit de décennies d'instabilité politique, de faiblesse institutionnelle et de conflits. Ce chapitre a montré comment ces facteurs ont contribué à l'apogée de ce phénomène, qui continue de freiner le développement du pays. Lutter contre ces pratiques exige une volonté politique forte, le renforcement des institutions, et une participation active de la société civile. Seule une approche intégrée et inclusive permettra à la RDC de rompre avec le passé et de construire un avenir plus transparent et prospère.

CHAPITRE 14

CONCLUSION

Le parcours à travers ce livre a permis une exploration approfondie des défis financiers, de gouvernance et des systèmes qui freinent la République Démocratique du Congo (RDC). En retraçant les racines historiques du machiavélisme financier, en analysant ses dynamiques actuelles et en examinant ses impacts sur différents domaines, cet ouvrage révèle comment la corruption endémique et la gestion stratégique détournée des ressources publiques ont entravé de manière significative le développement du pays. Cependant, ce récit n'est pas une histoire de désespoir. C'est un appel à l'action, un hommage à la résilience du peuple congolais, et un signal d'espoir pour un changement profond et durable.

Les paradoxes de la RDC sont frappants: une immense richesse naturelle coexiste avec une pauvreté persistante; une diversité culturelle dynamique se heurte à une instabilité politique chronique; et une population débordant de créativité et de détermination évolue dans un cadre institutionnel affaibli. Ces contradictions soulignent l'urgence de réformes systémiques visant à briser le cycle de mauvaise gouvernance, d'inégalités et d'exploitation qui caractérise une grande partie de l'histoire post-indépendance du pays. Répondre à ces défis est non seulement essentiel pour le développement de la nation, mais aussi crucial pour redonner dignité, opportunités et justice à ses citoyens.

Leçons du chemin parcouru

Ce livre a mis en lumière les interactions complexes entre les facteurs historiques, politiques et économiques qui façonnent la gouvernance financière en RDC. Nous avons examiné comment le machiavélisme financier s'exprime, que ce soit par la manipulation des politiques monétaires et fiscales ou par l'exploitation des ressources naturelles, et comment les forces externes — puissances étrangères, institutions financières mondiales, entreprises multinationales — ont influencé l'économie congolaise. Ces analyses ne se limitent pas à critiquer les échecs passés; elles constituent aussi une base pour imaginer et construire un avenir meilleur.

L'analyse a également souligné le rôle crucial des acteurs non étatiques, tels que les organisations de la société civile et les médias, dans la lutte contre la corruption et la revendication de la transparence. Malgré d'importants obstacles, ces groupes sont à l'avant-garde de la lutte pour la justice et la redevabilité, démontrant ainsi la force des mouvements de base pour défier des systèmes enracinés d'exploitation. Leur travail sert de modèle pour le type de citoyenneté active et engagée nécessaire à la transformation de l'avenir de la RDC.

Un appel à l'action

En conclusion, il est clair que les défis auxquels fait face la RDC sont redoutables, mais loin d'être insurmontables. Le chemin vers les réformes est semé d'embûches et nécessite un courage politique, une solidarité sociale et un engagement collectif envers la justice et l'équité. Pour surmonter l'héritage du machiavélisme financier, la RDC doit entreprendre des réformes audacieuses et globales dans plusieurs domaines clés:

1. **Renforcement institutionnel:** Toute réforme significative repose sur des institutions fortes et indépendantes. Cela inclut des systèmes judiciaires capables d'appliquer les lois sans crainte ni favoritisme, des organes de contrôle financier aptes à surveiller et prévenir la corruption, et des cadres de gouvernance axés sur la transparence. Ces institutions doivent non seulement exister, mais également fonctionner avec crédibilité et intégrité, en gagnant la confiance du peuple congolais.

2. **Diversification économique:** La dépendance excessive de la RDC aux ressources naturelles rend son économie vulnérable à l'exploitation et aux chocs externes. La diversification vers des secteurs tels que l'agriculture, l'industrie, les énergies renouvelables et les technologies est essentielle pour bâtir une économie plus résiliente et inclusive. Cela exige des investissements stratégiques, le renforcement des capacités et l'autonomisation des entrepreneurs locaux.

3. **Autonomisation et participation citoyennes:** Le changement ne peut pas être imposé d'en haut; il doit émaner du peuple. Les mouvements de la société civile, les organisations locales et les citoyens ordinaires doivent être outillés pour demander des comptes aux dirigeants et participer activement à la construction de l'avenir de la nation. Des campagnes de sensibilisation, des programmes d'éducation civique et des plateformes de dialogue sont essentiels pour encourager une citoyenneté informée et engagée.

4. **Coopération internationale responsable:** La RDC ne peut atteindre ses objectifs en isolation. Des partenariats stratégiques avec des acteurs internationaux sont nécessaires pour accéder à l'expertise technique, aux ressources financières et aux réseaux mondiaux indispensables à son développement. Cependant, ces partenariats doivent respecter la souveraineté du pays et veiller à ce que le soutien externe serve les intérêts du peuple congolais plutôt que de perpétuer des cycles de dépendance.

5. **Leadership éthique et gouvernance visionnaire:** La transformation de la RDC repose avant tout sur un leadership qui privilégie le bien commun plutôt que les intérêts personnels. Les dirigeants doivent incarner l'intégrité, la transparence et la responsabilité, en inspirant confiance et en donnant l'exemple. Une gouvernance visionnaire, qui équilibre les besoins immédiats avec des objectifs à long terme, peut unir la nation autour d'une mission commune de progrès et de prospérité.

Une vision pour l'avenir

La République Démocratique du Congo est une terre au potentiel immense, dotée de ressources naturelles extraordinaires et d'une population vibrante et résiliente. Ses défis, bien que considérables, ne sont pas insurmontables. En s'attaquant aux obstacles structurels, institutionnels et sociaux qui la freinent, la RDC peut devenir un modèle de transformation et de résilience sur le continent africain.

Ce livre imagine un Congo où les ressources sont gérées pour le bien collectif, où la gouvernance est fondée sur la transparence et l'éthique, et où chaque citoyen a accès à des opportunités de croissance et de prospérité. Réaliser cette vision exige un engagement collectif en faveur des réformes, de la résilience face aux obstacles et une foi inébranlable en le potentiel de la nation.

La transformation ne sera ni rapide ni facile. Elle exige patience, persévérance et collaboration. Cependant, les bénéfices de cet effort — stabilité économique, justice sociale et un avenir meilleur pour les générations à venir — en valent largement la peine.

Réflexions finales

Ce livre n'est pas seulement une analyse de la gouvernance financière en RDC ; c'est un appel à l'action. Il invite les décideurs, les universitaires, la société civile et les partenaires internationaux à réfléchir de manière critique à leur rôle dans la construction de l'avenir du Congo. Il rend également hommage à la résilience et à la détermination du peuple congolais qui, malgré des défis systémiques, continue de se battre pour un avenir meilleur.

Que cet ouvrage serve de guide et d'inspiration pour tous ceux qui sont déterminés à voir la RDC surmonter ses défis et réaliser son potentiel. Le changement est possible, mais il requiert une action collective, un courage moral et une vision partagée pour l'avenir. Ensemble, nous pouvons transformer la République Démocratique du Congo en une nation qui surmonte ses épreuves et brille comme un phare d'espoir et de progrès pour le monde entier.

BIBLIOGRAPHIE

- Machiavel, N. (1532). Le Prince.

- Strange, S. (1996). The Retreat of the State: The Diffusion of Power in the World Economy. Cambridge University Press.

- Ferguson, N. (2001). The Cash Nexus: Money and Power in the Modern World,1700-2000. Basic Books.

- Nzongola-Ntalaja, G. (2002). The Congo: From Leopold to Kabila: A People's History. Zed Books.

- Kanku, A. (2018) Collier, P., & Hoeffler, A. (2005). Resource Rents, Governance, and Conflict. Journal of Conflict Resolution, 49(4), 625-633.

- Asongu, S., & Nwachukwu, J. C. (2017). Foreign Aid and Governance in Africa. Journal of Economic Surveys, 31(5), 797-822.

- Ferguson, J. (2006). Global Shadows: Africa in the Neoliberal World Order. Duke University Press.

- Rotberg, R. I. (2009). China into Africa: Trade, Aid, and Influence. Brookings Institution Press.

www.ingramcontent.com/pod-product-compliance
Lightning Source LLC
Chambersburg PA
CBHW022052150726
47990CB00003B/1067